237154

MA
JUSTIFICATION

PAR

BARTHÉLEMY

DEUXIÈME ÉDITION

PRIX : 2 FR. 25 C.

PARIS

PERROTIN, ÉDITEUR

RUE DES FILLES-SAINT-THOMAS, N° I

1832

MA
JUSTIFICATION

IMPRIMERIE DE JULES DIDOT L'AINE,
rue du Pont-de-Lodi, nº 6.

MA
JUSTIFICATION

PAR

BARTHELEMY

T. JOHANNOT   PORPET

PARIS

PERROTIN, ÉDITEUR

RUE DES FILLES-SAINT-THOMAS, N° 1

M DCCC XXXII

PROLOGUE.

Depuis la défection de Dumouriez, jamais défection n'a fait autant de bruit que celle qu'on a bien voulu inventer en ma faveur.

Dumouriez avait sauvé la France, c'était un tort ; il ne songeait pas du tout à trahir ; mais l'envie subalterne lui fit crier si souvent aux oreilles qu'il trahissait, que le spirituel général aima mieux porter sa tête aux ennemis qui la lui laissèrent, qu'à l'échafaud parisien qui l'aurait coupée. C'est l'histoire de bien des défections; il y en a cent dans ce genre chez les Romains et les Grecs. On lasse les hommes purs par d'incessantes criailleries; et quand dans un accès d'humeur philosophique ils tournent le dos à l'orage, on leur crie qu'ils ont défectionné.

Je ne suis pas Dumouriez, je n'ai pas sauvé la France, je n'ai qu'un triste nom de poëte qui ne vaut pas la peine d'être imprimé; mais (qu'on me pardonne de comparer ma petite histoire aux grandes) si j'avais été républicain de conviction, j'aurais abdiqué ma conviction dans cette circonstance, et, comme les généraux faisaient de leur épée, j'aurais jeté ma plume de dégoût et d'ennui.

Car de quelle manière a-t-on procédé à mon égard? Ces hommes de liberté qui se récrieraient tant et avec raison, si un tribunal négligeait une seule des formes conservatrices des procédures, s'il condamnait sans enten-

dre la défense; ces hommes ont calomnié,
accusé et condamné du même coup. Mais peu-
vent-ils dire, vous avez la ressource de la dé-
négation. — Et si je ne veux pas réclamer, moi,
par insouciance ou dédain ! Si je vis dans les
bois où les journaux n'arrivent pas ! si je suis
malade ! voulez-vous donc me forcer à lire
tous les matins cinquante journaux pour voir
si je n'ai point de réclamation à leur écrire?
Ce serait tuer un lecteur sur place : quelle sin-
gulière liberté que celle qui vous soumet à
une pareille obligation !

En bonne guerre, on aurait dû me demander un rendez-vous par lettre; mon domicile
est assez connu ; on serait entré en explica-
tion avec moi, et selon mes réponses on eût
agi. Mais cela n'aurait pas fait le compte des calomniateurs; il y avait une colonne de scandale
à établir, et il faut du scandale aux abonnés.
Ces pauvres abonnés sont bien malheureux !

On ne m'a pas blessé, mais on a voulu me
blesser; c'est à l'intention que j'en veux, et je
ferai du scandale à mon tour; je fonderai
même un journal; la guerre m'amuse, je m'é-
panouis aux discussions orageuses. Vous voulez des hémistiches personnels, je vous en
promets; attendez quelque temps; aujour-
d'hui je m'impose des limites décentes, il faut
que je plaide *pro domo meâ.*

N'est-ce pas pitié que dans cette ville de
boue, de luxure, d'ivrognerie, d'avarice, de
débordemens; dans cette Gomorrhe vénale,
dans cette Pentapole des sept péchés mortels,
on trouve des hommes anonymes qui crient
à la corruption contre un poëte isolé, pauvre,
insoucieux d'or, de places, d'honneurs, de
gloire, de tout ce que pourchassent, ventre à
terre, ces hommes de calomnie, masqués en
Dentatus dans notre éternel carnaval?

Et s'ils faisaient ainsi de la vertu, à la porte

de Gisors ou de Brives-la-Gaillarde, s'ils montraient leur écuelle de bois à quelque provincial ébahi : passe encore ; mais ici, ici, là, au centre de Paris, sous ma fenêtre, devant le temple de la Bourse ! et à moi ! à moi ! vieux Annibal littéraire, qui connais mes hommes sous le linge, sous l'épiderme, dans les os, qui ai fouillé à pleines mains dans leur réservoir intérieur de luxure, d'envie, de haine, de cupidité ! qui ai fait leur autopsie morale mieux que Dupuytren la physique ! à moi ! qui sais par cœur Sénèque, La Bruyère, La Rochefoucauld, et qui leur donnerais au besoin vingt tomes de supplément !! O turpe folie ! ils vont me parler vertu, morale, probité, en 1832, lorsque tout craque de corruption, lorsque tous les épidermes se dissolvent sous le Champagne et la robe de satin ; lorsqu'elle est prête à se couper en deux à l'équateur notre vieille planète, grande folle de neuf mille lieues qui tourne si gauchement autour du soleil !

C'est trop fort ! je n'aurais jamais cru que tant d'impudence tombât sous une plume taillée à Paris : cet anachronisme de vertu pudique, cette fanfaronnade d'incorruptibilité me change en statue de sel ! Ah ! probes contemporains, vous n'avez pas voulu jouer votre jeu pour les badauds, et parler morale en famille ; vous avez quitté le parterre des dupes pour parader devant la loge des connaisseurs ; eh bien ! attendez quelques semaines, je veux fondre votre masque de cire avec le tison de mes vers. Quoi ! Romains du Bas-Empire, Athéniens d'Aspasie, vous vous drapez du laticlave, et votre cothurne vient presser le talon de ma botte ! Ah ! Curius des saturnales, vous venez attaquer sous son chaume l'indigent et solitaire Juvénal ; eh bien, Juvénal vous démolira !

Voilà pour vous, voici pour le public, mon

public à moi, celui que j'aime et qui me connaît.

J'étais à la campagne souffrant des travaux pénibles que m'impose ma cruelle position de poëte; souffrant de deux atteintes successives de l'épidémie, et, pour gagner ma vie, me fondant en sueurs sous le poids immense de mes *Journées de la Révolution.* Eh bien! quand après huit ans de combats pour la liberté, après la brûlante période de *Némésis,* seul, sans place, sans distinctions, sans pensions, sans croix d'honneur, quand je traînais encore la charrue littéraire pour vivre de mon sillon, savez-vous ce que j'étais? J'étais un transfuge, un traître à mettre au ban des nations. Les rigides Catons étaient ceux qui se dandinaient sur les boulevarts, qui couraient la coulisse, festoyaient les maigres figurantes, et soufflaient la calomnie contre moi!

Un ami vint m'annoncer que j'étais vendu!

—Bien cher? lui dis-je.—Cela varie, reprit-il, on n'est pas fixé sur le prix; cela varie de 4 à 100,000 francs. Il allait poursuivre, car les amis en général aiment de passion à nous rapporter ce qui nous afflige; je l'arrêtai net, et je lui dis que j'avais autre chose à faire que de répondre à ces bruits; que depuis huit ans on m'avait vendu vingt fois à tous les ministères; que du vivant de *Némésis,* on me vendait aussi tous les dimanches, quand je me délassais dans une livraison purement littéraire; qu'enfin j'étais habitué à toutes ces ventes-là.

Je reçus plusieurs visites successives de ce genre, et comme tous ces amis officieux n'étaient pas des collaborateurs à *mes Journées poétiques,* je me vis forcé de les éconduire poliment, pour ne pas mourir de faim à l'automne.

Les visites continuèrent: alors je mis un registre dans mon vestibule, avec prière d'y inscrire tous les bruits nouveaux. Voici copie de cet album.

Chaque article commence par ces deux mots qui, depuis le *dicitur* latin, sont toujours la préface d'une fausseté, ces deux absurdes mots: On dit.

On dit que vous avez signé un pacte avec le ministre, comme les sorciers du moyen âge avec Satan, et que vous en avez reçu 17,000 fr.

Idem, avec ces variantes:

22,000 francs.

39,000

41,000

57,000

88,000

100,000

157,000

On dit que le ministre vous a fait appeler, et vous a dit : Mon cher Barthélemy, voilà Sénèque, traduisez-le en vers, et je vous donne 60,000 fr. ; en voilà 10,000 d'arrhes.

On dit que le ministre vous a confié la traduction de *la Pharsale* de Lucain ; il vous a offert 60,000 francs pour cela, mais vous en avez demandé, vous, 100,000 ; je vous conseille, mon cher Barthélemy, de ne pas marchander pour 40,000 francs ; avec votre facilité vous aurez traduit *la Pharsale* en trois mois, et c'est joli 60,000 francs. J'espère que vous m'en prêterez 500 dont j'ai besoin.

On dit qu'on vous a vu sur le balcon de la Chancellerie, place Vendôme, faisant de respectueuses salutations à M. le garde des sceaux.

On dit que le secrétaire de M. Thiers vous a donné 17,000 francs (toujours 17).

On dit que vous vous êtes promené sur les boulevarts avec la croix d'honneur; et plusieurs personnes vous ont vu.

On dit que vous ne terminerez pas vos

Douze Journées, parceque vous avez passé dans le camp des jésuito-carlistes.

On dit que le ministre vous a promis la croix d'honneur, si vos trois dernières Journées sont conçues dans l'esprit de la huitième, *les Girondins.*

On dit qu'on a lu à la Cour votre épithalame sur le mariage de la fille du Roi, et que le roi Léopold vous a envoyé une tabatière enrichie de diamans.

On dit que vous avez perdu 100,000 francs à Frascati, et que le ministre vous les a rendus à condition que vous feriez une brochure pour justifier l'état de siège.

On dit que vous avez vendu *Némésis,* au mois de mars dernier, 50,000 francs.

On dit que vous l'avez vendue 53,000 fr., au commencement de juin.

On dit que vous avez fait dernièrement un voyage en Normandie, à l'effet de visiter une terre que vous devez acheter pour vous et M. Méry.

On dit que vous êtes boiteux ; que vous avez été traduit aux assises pour enlèvement d'une mineure, à l'époque où vous étiez payé par la police Mangin.

On dit que vous touchez trois mille francs par mois du ministre de l'intérieur.

On dit que le gouvernement vous a mis à la tête d'un journal, pour contre-balancer celui que publie M. Cauchois-Lemaire, et qu'il vous a adjoint M. Méry *.

* Dans cet *on dit*, extrait de quelques journaux, comme la plupart des autres, le nom de M. Méry, mon ami, se trouve cité. M. Méry n'a pas réclamé, selon son usage. Après la révolution de Juillet, on lisait dans quelques feuilles de Paris et de la province, et l'on affirmait même verbalement, que M. Méry travaillait à la *Gazette de France*. La calomnie était forte, aussi on y ajouta foi. Ce journal fut signé pendant quelques mois du nom de Méry ; c'était le gérant responsable de la *Gazette*. Mon collaborateur et ami ne démentit pas ce bruit qu'avait fait naître une conformité de noms. Quelque temps après, tous les journaux annoncèrent que M. Méry avait été nommé bibliothécaire ; c'était encore un faux bruit qui n'a pas encore été démenti.

Respirons après tous ces *on dit!*

Enfin, un de ces premiers jours de la quinzaine d'août, comme je me promenais dans la galerie du château de la Muette, en regardant les tableaux avec insouciance, un monsieur me prit pour un connaisseur, et me pria de lui dire mon avis sur un Woovermans. Je lui répondis que je n'entendais rien aux tableaux, comme tout le monde. Il me provoqua en conversation, parcequ'il avait l'air de périr d'ennui. Nous parlâmes, ou, pour mieux dire, il parla politique; et de Belgique

M. Méry s'est retiré du monde politique et littéraire depuis la révolution de Juillet. Avant de commencer avec moi sa carrière poétique, il en avait fourni une plus orageuse dans un pays et à une époque de fanatisme. Il avait fondé, à vingt ans, avec Alphonse Rabbe et M. Reynard, la *Presse constitutionnelle* à Marseille; il avait subi trois procès politiques et deux condamnations à plusieurs mois d'emprisonnement. Arrivé à Paris, il écrivit dans presque tous les journaux de l'opposition, et partagea de plus tous mes travaux. Il a perdu sa santé à cette vie de labeur, et quand Juillet est venu, il n'a rien demandé ni à la Commission des condamnés politiques, ni à celle des récompenses nationales, ni aux ministres.

en Hollande, de ministre en journaux, il m'annonça que j'étais à Compiègne! «Voilà qui est fort, lui dis-je; en êtes-vous bien sûr?—Oh! sûr; d'abord deux journaux l'ont dit, et puis je l'y ai vu, moi; j'étais allé à Compiègne pour rencontrer un Belge de mes amis. J'ai vu dans le parc Barthélemy comme je vous vois; il travaillait à l'épithalame de cour.» Je fis encore quelques signes d'incrédulité. «Je vous parie ce Woovermans, reprit-il. — Oh! dès que vous pariez, lui dis-je, vous êtes sûr de votre fait. » Ce bon monsieur fut triomphant.

Eh bien ! la terre en est hérissée de ces messieurs-là.

Absorbé, comme j'étais, par mes travaux historiques, j'ajournai ma justification dès que j'eus résolu de la faire. Quelques lignes de réclamation ne remplissaient pas mon but; on avait voulu me nuire; la malignité se cachait derrière le patriotisme, comme dans presque

toutes les actions humaines où l'on prétexte la
vertu pour faire du mal à autrui ; il me fallait
alors de larges pages pour mes représailles;
je m'arrêtai même, quelque temps, à l'idée
d'un poëme, où les héros ne m'auraient pas
manqué. Sans renoncer au poëme, je me dé-
cidai enfin, pour le moment, à travailler à un
plaidoyer poétique, celui qu'on va lire. C'est
bien à regret que je jette mon nom et mes
petites affaires personnelles dans les graves
intérêts du moment; personne ne répugne
plus que moi à se mettre en scène; après huit
ans de calomnies, c'est la première fois que je
réponds, mais ce n'est pas à ceux qui m'ont
interrogé.

MA

JUSTIFICATION.

Du jour où je franchis les portes du collège,

J'ai de tous les pédans rompu le privilége :

Fermé dans mon manteau je n'ai pas répondu

Aux hargneux épagneuls dont la dent m'a mordu.

Oui, j'eusse été honteux de laisser sans réplique

Des hommes ombragés de l'estime publique,

Mon dédaigneux orgueil, pour juge naturel

N'eût pas récusé Bert, Châtelain ou Carrel;

Mais vous, vous de la scène acteurs microscopiques,

Signataires sans nom d'absurdes philippiques,

De la littérature invisibles Lapons,

Qui vous a fait le droit de me dire : Réponds ?

Moi répondre ! tomber à cette ignominie !

Ce serait reconnaître un pouvoir que je nie ;

Votre prétoire en vain m'ouvre ses deux battans,

Vous n'êtes pas pour moi des juges compétens.

Libre à vous d'effrayer un poëte novice ;

Mais moi, vous le savez, je suis vieux au service,

Dans un camp périlleux, inconnu des poltrons,

Mon habit littéraire a gagné deux chevrons.

Vous auriez pu, dix ans, de fétides mensonges

Dans les égouts publics imbiber vos éponges,

Et sur un papier blanc, de vos doigts griffonné,

Exprimer chaque jour ce jus empoisonné ;

Dix ans, j'eusse ignoré vos ignobles critiques :

Quand je suis harcelé par le dard des moustiques,

Je fais tomber la gaze et j'entends sans frémir

Leur vain bourdonnement qui sert à m'endormir.

Trop de philosophie en moi cuirasse l'âme

Pour capter votre éloge ou craindre votre blâme;

Seul, libre dans la foule où vous portez vos fers,

Vos airs hautains chez moi ne seront pas soufferts.

La fille de Juillet, l'idole que j'encense,

Repousse avec dégoût votre obscène licence;

Votre ton despotique indigne ma fierté,

Vous êtes des tyrans, fils de la Liberté.

Et puis, le journalisme a perdu son empire:

Chaque année on voit fuir la terreur qu'il inspire;

Il marchait autrefois escorté de bourreaux,

Envoyait l'épouvante au cœur des généraux;

Prudhomme, dont la voix charmait la guillotine,

Au milieu de son camp faisait pâlir Custine [1],

Qui, redoutant le feu que l'écrivain soufflait,

Pour se faire innocent répondait au pamphlet.

Croyez-moi, de quel nom que votre voix me nomme,

N'allons pas imiter Custine ni Prudhomme,

Ne parodions point ces scandaleux débats :

Je ne suis pas si haut et vous êtes moins bas.

Ce n'est donc pas à vous que ce discours s'adresse,

Journaliers désœuvrés de l'impuissante presse;

Je parle à ce public, juge équitable et sûr,

Qui n'ose, sans raison, flétrir un homme pur,

Qui, dans sa conscience érigeant sa tribune,

Attend pour condamner mille preuves pour une,

Et, sur un soupçon vague au hasard débité,

Ne flétrit pas d'un coup sept ans de probité.

Je parle aux citoyens dont mes vers chauds et libres

Ont toujours fait bondir les généreuses fibres,

A ceux qui, m'épiant sur mes âpres chemins,

A mon heureuse audace ont battu des deux mains,

A ceux dont jusqu'ici les deniers populaires

Ont acheté ma muse à cent mille exemplaires,

Quand, aux dangers des camps encor mal aguerri,

Entrant dans la satire escorté de Méry,

Méry, seul ici-bas qui me conseille et m'aide,

Ulysse, compagnon d'un autre Dioméde,

Aux Troyens du pouvoir de leurs tentes couverts,

Je fis si bien sentir le tranchant de mes vers;

Époque aventureuse où ma féconde rime

Fatiguant, chaque mois, le prote qui m'imprime,

Comme un bélier de fer que rien n'a ramolli,

Battait les hauts remparts de l'hôtel Rivoli;

Puis, quand je retraçai, dans mes chants moins timides,

Les fastes merveilleux gravés aux Pyramides;

Quand, devers le Danube, au fils mourant d'Hector,

J'imposai, moi poëte, un nom qui vit encor;

Quand je ressuscitai sur ma lyre de barde,

Du sol de Waterloo les cendres de la Garde,

Et que d'une main ferme, en stigmates marquans,

J'imprimai le remords sur le Judas des camps;

Quand, avant toute voix, sur une barricade

Chantant le *Te Deum* de la grande décade,

Pleurant sur nos amis et couvert de leur sang,

Je fis luire l'espoir sur le trône naissant;

Surtout, quand toujours prêt à de nouveaux martyres,

Rassemblant l'arsenal de toutes mes satires,

Évoquant pour ma muse une fille d'enfer,·

Je parus, secouant mes lanières de fer,

Et que pour ce labeur de forces surhumaines

J'accomplis, l'œil ouvert, cinquante-deux semaines;

Jusqu'à ce jour enfin, où, libre au sein des champs,

J'achéve de conter en douze épiques chants,

Depuis quatre-vingt-neuf jusqu'au dix-huit brumaire,

Les douze grands travaux de la Liberté mère*.

---

* *Les Douze Journées de la Révolution.* Chez Perrotin, éditeur, rue des Filles-Saint-Thomas, n° 1.

Ceux à qui furent chers ces efforts sans rivaux,

Qui, ma vie à la main, savent ce que je vaux,

Formeront le jury que j'accepte sans honte;

C'est le seul tribunal où je veux rendre compte,

Où, la main sur le cœur, je lirai jusqu'au bout

Ce brûlant plaidoyer qui dans mes veines bout.

Dans l'orchestre du monde, où sans cesse circule

Le mensonge, le vrai, surtout le ridicule,

Comme un coup de tam-tam un bruit inattendu,

En signalant mon nom, a dit : IL EST VENDU !

A l'exacte nouvelle afin que rien ne manque,

On a soin de compter l'or, les billets de banque,

Tout ce que m'a jeté des coffres de l'État

Le pouvoir tentateur pour me faire apostat.

Et du public bon sens les bouches réunies

N'ont pas supplicié ces fades calomnies !

Et ce n'est pas assez que je réponde : Non !

De ces taches de boue il faut laver mon nom !

Moi vendu ! chose étrange ! et donc, pour me séduire

Quels joyaux chatoyans auront-ils fait reluire ?

Quels dons ont-ils promis à mes vœux indigens ?

Des honneurs ? dites-vous ; des places ? pauvres gens !

Eh ! dans le cadre étroit d'une place asservie

Je mourrais ; il me faut une plus large vie :

Quand votre ambition dans tous les coins fouillait,

Quand vous demandiez tous des rentes à Juillet,

Jamais on ne me vit, par d'indignes postures,

Mendier les emplois, les grasses préfectures,

Et, mon placet en main, postuler la faveur

D'accoler à mon nom le nom de receveur.

La croix ? oui, ce ruban de moire purpurine

Décore toujours bien une noble poitrine ;

Mais, pour moi, j'aime mieux qu'on dise à chaque pas :

« Sans doute, il l'a reçue et ne la porte pas. »

A mes combats si longs sans doute elle était due

La croix; depuis sept ans d'une campagne ardue,

J'ai tout fait, et l'on doit encor s'en souvenir,

Tout, pour la mériter et rien pour l'obtenir.

C'est donc l'or! pour calmer la soif qui me domine,

Montalivet, dit-on, vient d'éventrer sa mine;

Eh quoi! vous croyez donc qu'invalide des camps,

Je tremblais pour ma vie et mes trente-cinq ans!

Sachez que mes vers seuls, satire, ode ou poëme,

Me font les revenus du ministre lui-même,

Que si je veux de l'or du jour au lendemain,

Jamais un éditeur ne me ferme la main,

Qu'il me restait encor du fiel dans les entrailles

Pour livrer au pouvoir cinquante-deux batailles,

Et que, sans recourir à l'art des courtisans,

La seule *Némésis* m'eût fait riche en deux ans;

Sachez que le public, clientelle opulente,

M'a toujours payé cher une feuille volante,

Sachez bien qu'au pouvoir se vend par lâcheté

Celui que le public n'a jamais acheté.

Bien plus; je le dirai, qu'on me croie ou qu'on rie:

Si j'ai brisé le char de ma sainte furie,

L'an premier expiré, si je n'ai pas voulu

Augmenter l'in-quarto que la France avait lu,

C'est que je vis un jour, qu'en soulevant des haines,

L'ardente *Némésis* forgeait pour moi des chaînes,

Que je n'étais plus libre, et que certaines gens

En souscrivant pour moi se faisaient exigeans,

Qu'ils bordaient mon chemin d'épines et de ronces;

La poste chaque jour m'apportait des semonces

Où mes devoirs futurs se trouvaient établis

Par ces mots menaçans: « *Citoyen, tu faiblis!*

« Citoyen, garde à toi! ta tournure est oblique,

« Tu ne parles jamais de notre République;

« Citoyen, à la brèche, et debout! sois soldat!

« Reçois dix francs encor par ce présent mandat[2]. »

C'est pour que nul pouvoir du doigt ne me bâillonne,

Que jamais aux journaux je n'ai fait ma colonne;

Il en est où parfois on se voit condamné

A lécher le réveil du carliste abonné,

Où pour savoir s'il faut ou caresser ou mordre,

Au bureau du conseil on reçoit le mot d'ordre;

En entrant une fois dans ces gouffres profonds

J'aurais craint de me vendre à des bailleurs de fonds.

Pour me conserver libre, et dans ma fantaisie

Mêler l'indépendance avec la poésie,

Jamais, vers un théâtre où Paris est foulé,

On ne me vit portant un manuscrit roulé,

De peur qu'un semainier, assis sur sa banquette,

Ne m'imposât du lieu la rigide étiquette,

Ou, qu'un froid comité, Procuste de mon plan,

N'éteignît pour toujours mon dramatique élan.

Moi vendu! mais daignez au moins prouver au monde

Que j'ai trouvé profit à ce trafic immonde,

Que l'intérêt, ce dieu qui fait tout ici-bas,

Vers le caissier ministre a dirigé mes pas;

Dites! connaissez-vous quelque propriétaire

Qui pour un an de rente ait pu vendre sa terre?

Oh! si j'ai fait ainsi, ménagez votre ton;

Car on doit des égards à ceux de Charenton.

A moi, la soif de l'or! cette soif décevante

M'a fait boire d'un trait la honte d'une vente!

La soif de l'or! venez, venez à mon secours,

Si ma plume mollit, si ces vers sont trop courts,

Venez parler pour moi, plaider pour ma défense,

Vous, qui me connaissez, vous mes amis d'enfance,

Qui savez que, depuis le vieux siècle d'acier

Où l'on moule de l'or avec un balancier,

Où l'on change en écus le Tage et le Pactole,

Jamais prodigue enfant, contempteur de pistole,

Cléon, Damis, Valère, Ergaste son ami,

N'ont conspué l'argent plus que Barthélemy.

Et vous aussi parlez, indigente cohorte,

Qui connaissiez si bien ma généreuse porte,

Qui veniez chaque soir, sous un habit grossier,

Toucher le cœur d'Imbert mon fidèle caissier,

Charité jamais lasse et nouvelle sans cesse,

Lorsque ma *Némésis* opulente princesse,

Sans s'informer des noms ignorés ou connus

Livrait sa main ouverte aux patriotes nus;

C'est que mille témoins, si mon cri les recueille,

Viendraient prêter leur main pour signer cette feuille;

Vous qui calomniez, dites donc à l'instant,

Votre patriotisme en a-t-il fait autant?

Croyez-vous que celui dont la main toujours prête

Prodigua, sans compter, ses deniers de poëte,

Poursuivant un ministre au fond d'un corridor,

Aille se vendre à lui pour quelques écus d'or?

Non, non; de ces calculs j'ignore la science,

Je ne prends un conseil que de ma conscience,

De cet ami secret, mon guide, mon soutien,

De cette voix du cœur qui me dit : Tu fais bien.

Si donc, modifiant mes croyances passées,

Je caresse aujourd'hui de nouvelles pensées,

Ne dites pas que l'or, objet de mon mépris,

De ma route quittée a su payer le prix ;

Chez moi l'honneur est sauf ; et cela seul m'assiste ;

Je n'ai jamais brigué le nom de publiciste,

Je ne suis qu'un poëte, et ma changeante voix

Emprunte ses accords aux choses que je vois.

D'où vient donc cet écho d'une clameur immense ?

Quelle est de tous ces bruits la première semence ?

D'où sort cette vapeur dont mon œil est noirci ?

Qui m'a fait si coupable à leurs yeux ? le voici.

Paris saignait encor d'une scène tragique,

Quand un écrit parut qui, nerveux de logique,

Qui, bravant ceux à qui son courage déplut,

Osa justifier une œuvre de salut *.

Les partis opposés crièrent au scandale,

On accusa partout la brochure vandale,

On proscrivit la main qui n'osa la signer.

Eh bien ! qu'on recommence encore à s'indigner ;

Pour son auteur caché si ce livre est un crime,

A dater de ce jour il n'est plus anonyme,

Il est mien, je l'avoue : oui, le jour est venu

De découvrir sans peur mon visage connu ;

Libre enfin désormais d'un masque que j'abdique,

Je vais traduire en vers ma prose véridique,

---

* *Justification de l'état de siège.* J'écrivis cette brochure en deux heures le jour que la Cour de cassation donna tant de joie aux Vendéens et à tous les hommes du drapeau blanc. Je me rappelai alors ces paroles : *Sion doit pleurer quand Babylone rit ;* je fixai mon opinion politique là-dessus seulement. J'ose dire que cette brochure, où la conviction indépendante éclate à chaque ligne, a ébranlé bien d'autres convictions. Son succès a été immense,

Et mon burin, courant dans un cadre plus long,

Creusera sur acier ce qu'il grava sur plomb.

Sans doute, on se souvient de ce jour de colère

Où *Némésis*, craignant le reflux populaire,

Accusait le pouvoir dont l'indécise main

Ne pouvait arrêter la révolte en chemin,

Où *Némésis* fit luire, ainsi qu'un météore,

Ce triangle d'acier dont le nom vibre encore[3] :

On sait que les partis dans leurs journaux divers

Tronquèrent ma pensée en isolant mon vers;

Mon vers était limpide et claire mon idée :

Mais la punique foi, par son démon guidée,

Du bonnet phrygien couvrant mes noirs cheveux,

Fit d'un sujet de crainte un sujet de mes vœux.

Or cette vive crainte, or ce jour d'épouvante

Que prédit, l'an dernier, ma *Némésis* vivante,

Lorsqu'elle ne voyait auprès du trône assis

Que de faibles soutiens aux bras trop indécis,

Cette aurore de deuil, à sa date maudite

Est arrivée, ainsi que je l'avais prédite.

J'ai vu la République en triomphe passant

Avec son bonnet rouge et son drapeau de sang,

Sa pique de faubourg, ses torches d'incendie;

Des sublimes Trois-Jours étrange parodie!

C'étaient des cœurs ardens par un mot soulevés,

De frénétiques mains remuant nos pavés,

Et la grande cité dont le deuil les renie

Voilant ses longs quartiers d'un crêpe d'agonie.

J'ai vu nos fantassins, les yeux mouillés de pleurs,

Partir en déployant nos trois saintes couleurs,

Ce drapeau qu'ils devaient, hélas! cette nuit même,

Teindre de sang français pour son premier baptême.

Puis a sifflé la balle, a grondé le canon;

Des hommes inconnus suivant des chefs sans nom,

3

Exhalant par des cris leur fiévreuse démence,

Ont troublé le repos de ce Paris immense,

De ce temple éternel du luxe et des beaux-arts ;

La mitraille a rugi dans ses riches bazars,

L'obus a ricoché sur ses paisibles rues

Que le gai citadin la veille a parcourues.

Que j'en ai vu tomber, faibles sur leurs genoux,

De soldats, citoyens et peuple comme nous !

J'ai compté dans la nuit ces heures désolantes

Qu'une absence d'ami fait arriver si lentes,

Quand à chaque minute un horrible tocsin

Vient réveiller l'écho qui vibre en notre sein ;

J'ai vu sur son balcon, échevelée et nue,

La femme qui cherchait l'épaulette connue,

Des hommes égarés qui disaient aux passans :

Avez-vous vu mes fils ou mes frères absens ?

Et ce deuil corrosif, ces vives agonies

M'ont fait, à moi poëte, un siècle d'insomnies.

Alors, le sein meurtri, le poing dans les cheveux,

Je n'ai plus contenu de légitimes vœux,

Je me suis écrié : « Qu'on sauve cette ville,

« A tout prix qu'on l'arrache à la guerre civile !

« Qu'on donne le repos à mes concitoyens !

« Inspirez-vous sur l'heure, inventez des moyens,

« C'est le cas d'invoquer pour la ville abattue

« L'arbitraire qui sauve et non la loi qui tue ;

« Au désolant tableau que ce jour nous fait voir,

« Le moment est passé d'entraver le pouvoir ;

« Pour qu'en ces temps d'orage il raidisse un bras ferme,

« A tout ressentiment jurons de mettre un terme.

« Si *Némésis* vivait encore, avant demain

« On verrait ses serpens étouffés de ma main,

« Car un seul de mes vers devenu grain de poudre

« M'aurait fait un remords dont rien n'eût pu m'absoudre. »

Voilà ce que je dis en me frappant le front,

Et vingt témoins vivans, vingt fois l'attesteront.

3.

Aussi, quand les fauteurs de l'impure Vendée,

Dans leur suprême Cour de carlisme inondée,

D'un sophisme légal empruntant le secours,

Cassèrent le pouvoir des martiales Cours,

J'opposai ma douleur à la joie insultante

Dont le carlisme armé faisait gonfler sa tente,

Je vis et je fis voir qu'en ce douteux moment

Où tout chemin est faux, où tout oracle ment,

Il n'était qu'un parti pour tous les hommes sages,

Celui de commencer l'examen des visages,

De prendre sur leurs fronts clairement dessinés

Le contraire maintien de nos ennemis-nés,

De ceux du drapeau blanc dont les hymnes étranges

Charmaient la haute Cour de honteuses louanges;

Car aux livres divins on sait qu'il est écrit

Que Sion doit pleurer quand Babylone rit.

Oui, quand j'ai vu ce sang, ces femmes effrayées,

Nos paisibles maisons par les obus rayées,

Ce ciel de deuil, cet air morne qui vint saisir

Dans son joyeux été la ville du plaisir;

Quand j'ai vu nos soldats, dans la foule épaissie,

Revenir mutilés comme d'une Russie,

Ces soldats précieux que nous devons bénir,

Qui nous sauveraient tous au jour qui peut venir;

Quand j'ai vu sous mon toit et dans le voisinage

Mes frères dévoués partir pour le carnage,

Et leurs femmes venant près la table où j'écris

Pour rallumer leur lampe et m'émouvoir de cris,

Et puis me demander si ce jour tricolore

Qu'avec tant de transports Juillet nous fit éclore,

Aurait dû nous donner, dans le cours de deux ans,

Et de si rudes nuits et des jours si cuisans;

Oui, quand j'ai vu cela, quand au mois du solstice

Fut rendu cet arrêt de funeste justice,

Et que le drapeau blanc, de joie illuminé,

Pour saluer la Cour s'est partout incliné,

Alors j'ai ramolli mon ancien caractère;

Je n'ai plus regardé, pour voir au ministère

Quels hommes ou quels noms, secondant mon desir,

Nous avaient fait à tous un merveilleux loisir;

Je n'ai pas recherché quelle arme défendue

Rendait à tout Paris sa liberté perdue,

Ni quelle main lançait le bienheureux édit

Qui brûlait l'arsenal du Vendéen maudit.

J'ai pris la plume; un feu qui dévorait ma tête

A brûlé cette fois ma prose de poëte;

Dites s'il vient du cœur ce style inattendu,

Et si pareil écrit part d'un homme vendu.

Écoutez bien: il est dans les choses humaines

De ces coups imprévus, accablans phénomènes,

Qui nous font méditer, changent notre raison,

Et détournent nos yeux vers un autre horizon.

Hélas! tout, ici-bas, pour l'homme est transitoire:

Quand ces hauts incidens se jettent dans l'histoire,

Le sage, à ces avis du destin paternel,

Doit réformer son plan qu'il croyait éternel;

C'est alors que pour lui changer est légitime;

Sitôt que sur sa route il rencontre un abîme,

Il s'arrête, et, le front appuyé sur sa main,

Cherche le même but par un autre chemin.

Quoi! dans ce tourbillon qui dévore les âges,

Disloquant nos vertus, nos mœurs et nos usages,

Dans cet immense crible où roulent ballottés

Nos chartes, nos états, nos lois, nos libertés,

Un être à cerveau faible, à caduque poitrine,

Un atome orgueilleux ferait une doctrine,

Et la fixant du doigt à l'éternel compas,

Verrait changer le monde et ne changerait pas!

Non, le doute et l'erreur sont dans toute pensée;

Nous sommes tous, sans but ni sans route tracée,

Des aveugles assis sur le bord d'un chemin;

Le crime d'aujourd'hui sera vertu demain.

J'ai pitié de celui qui, fier de son système,

Me dit : « Depuis trente ans ma doctrine est la même,

« Je suis ce que je fus, j'aime ce que j'aimais. »

L'homme absurde est celui qui ne change jamais;

Le coupable est celui qui varie à toute heure,

Et trahit, en changeant, sa voix intérieure.

S'il est beau d'être fort, de ne fléchir sous rien,

C'est dans la volonté de faire toujours bien.

Chacun garde en lui-même une sourde étincelle

Qui, dans les grands momens, tout-à-coup se décèle,

Étoile qui jaillit de notre épais cerveau,

Et, quand notre œil s'éteint, nous montre un point nouveau;

Alors, sans écouter, dans cette autre carrière,

L'absurde cri de ceux qui restent en arrière,

Nous devons obéir à l'astre avant-coureur

Qui dicte une pensée et n'est pas une erreur.

L'histoire du six Juin, le canon de ce drame

Font panteler encor les fibres de notre âme;

Bien des yeux long-temps clos, depuis se sont ouverts,

Bien d'autres s'ouvriront aux clartés de ces vers.

La jeune République, image de sa mère,

De son règne à venir nous prônait la chimère;

Mais les faits ont soudain démenti ses discours,

Son histoire hâtée a retenti deux jours;

Lasse de promulguer de longues théories,

Nous l'avons vue en marche avec ses décuries,

Avec son peuple, avec ses sanglans attributs;

Un jour a cumulé sa chute et ses débuts,

Un jour seul, de son règne a rempli le sommaire,

Son quatorze Juillet et son dix-huit Brumaire.

Qu'on ne vienne pas dire à nous, nous qui pensons,

Qu'instruits à l'avenir par d'antiques leçons,

Avant de relever l'homicide charpente,

Ils auraient arrêté leur course sur la pente,

Qu'ils auraient confié les faisceaux et les lois

Aux hommes vertueux, seuls nés pour les emplois...

S'arrêter! savent-ils que nulle force humaine

Vers le point de départ jamais ne nous ramène,

Que les pieds les plus forts sont toujours arrachés

Par l'incessante voix qui leur a dit: Marchez!

Qu'après un large gouffre il est un gouffre avide,

Que la chute est plus prompte en tombant dans le vide?

Des hommes! quels sont ceux, par le peuple adorés,

Qui vivraient quelques mois sans être dévorés?

L'ogre républicain, aux fréquentes colères,

Consomme, en peu de temps, tous les noms populaires;

Le pouvoir use tout: par les clameurs lassés

Les héros d'aujourd'hui demain sont remplacés.

Depuis que nous vivons sous la royauté neuve,

En est-il un qui puisse affronter cette épreuve?

Heureux ceux qui sont morts d'un trépas opportun,

Et qui firent défaut à nos deux cent vingt-un!

Vous êtes inhumés de toute votre gloire,

Manuel, Foy, Constant, d'éloquente mémoire,

Trinité d'orateurs dont nous nous souvenons!

Devant le sarcophage où luisent vos trois noms

Le citoyen s'incline, et la Liberté pleure;

Eh bien! si vous eussiez vécu jusqu'à cette heure,

Si, comme à vos amis, votre tour fût venu

De monter au pouvoir où l'on se livre à nu;

Le vent dévorateur du populaire Éole

Eût éteint vos rayons formés en auréole,

Et puis, quelques amis, quelques fidèles voix

Auraient seuls escorté vos funèbres convois.

Et, si pendant un an le ciel la laissait faire,

La secte qui s'agite en sa brûlante sphère,

Qu'elle avance, sachons ce qu'elle fera voir;

A quels bras tomberont les rênes du pouvoir?

A Barrot; c'est fort bien; sera-t-il long-temps maître?

Trois mois; puis, ce pouvoir, il faudra le transmettre,

Odilon à Mauguin, Mauguin à d'Argenson,

D'Argenson à Cabet, et Cabet...... à Samson.

Samson! c'est le bourreau, c'est la fin obligée,

C'est de tout mouvement l'infime périgée;

Quand le peuple pour trône adopte l'échafaud,

Il s'arrête; il ne peut, hélas! tomber plus haut.

Voilà ce que mes yeux ouverts par l'épouvante

Aperçoivent d'écueils sur cette mer mouvante;

En avançant toujours, l'abîme et le néant:

Revenir, c'est tomber dans un gouffre béant;

Carlisme ou République, où prendrez-vous des maîtres?

Là règnent les bourreaux, ici règnent les prêtres,

Et de ce double écueil l'homme sage averti,

Repousse également l'un et l'autre parti.

Il en est un troisième : Oh! celui-là, sans doute,

N'a jamais dans la ville élevé sa redoute;

Nous ne l'avons point vu, tenant en main son dard,

S'avancer au six Juin sous le rouge étendard;

Toujours avec respect dans la rue il regarde

Passer nos régimens sous la triple cocarde,

Et la guerre civile et le peuple écrivain,

Pour tuer des soldats le provoquent en vain;

Dans les deux jours de sang que la France déplore,

Il ne vint point meurtrir le drapeau tricolore.

Ah! sa cause était belle et nul ami plus chaud

Pour elle, mieux que moi ne subit le cachot,

Que moi, seul voyageur, pris entre les poëtes,

Pour aborder Schœnnbrunn par des routes secrètes,

Quand par un rude hiver j'entrepris le chemin

Qui mène de Strasbourg au Danube germain.

O malheureux objet d'un amour poétique!

J'avais bien deviné ta pâleur prophétique;

Ni les soins que t'offrit l'impériale cour,

Ni Vienne qui t'aimait d'un idolâtre amour,

Rien n'a pu, dans un cœur plein d'un regret sublime,

Émousser de la mort l'infatigable lime.

Sur la funèbre couche, avec un nouveau sang,

On n'a pu ranimer le spectre adolescent ;

Ah ! respirant trop tôt la paternelle gloire,

Ainsi qu'un poison lent il avait bu l'histoire :

Il savait qu'au berceau, le dieu capitolin

L'avait salué roi sous sa robe de lin,

Qu'un grand aérostat parti de l'Hippodrome

Avait dit sa naissance à ses sujets de Rome,

Comme si Dieu lui-même, au môle d'Adrien

Eût conduit par le doigt le globe aérien ;

Il s'entretenait trop, dans sa froide cellule,

Avec une pensée éternelle qui brûle ;

Il voulait voir la France et ce fleuve si beau

Où son père mourant bâtissait un tombeau ;

Le jeune homme rêveur, dans ses nuits dévorantes

Les poursuivait toujours ces images errantes,

Ces songes qui toujours rappelaient à ses yeux

D'autres palais royaux, d'autres noms, d'autres cieux,

Merveilleux alphabet de l'histoire première

Dont les lettres fuyaient en tremblante lumière,

Arabesque sans fin où tout se déroulait :

La femme de Paris qui lui donna son lait ;

Le berceau d'or massif où l'aigle paternelle,

Son bec plongeant sur lui, le couvrait de son aile ;

L'attelage laineux qui, par un frais matin,

Emportait, en bêlant, son carrosse enfantin ;

La grande allée ombreuse où Paris tourbillonne ;

La triomphale rue où plane la colonne ;

Son pavillon d'été qui, sur le bord de l'eau,

Dominait de plaisir un si riant tableau ;

Puis, ces cris solennels qui montaient jusqu'aux nues ;

La Garde Impériale accourant aux revues

Avec ses aigles d'or, et d'un cri de fureur

Mêlant le Roi de Rome au *Vive l'Empereur !*

Oh ! lorsque le destin jamais rien ne décide,

Quand il revient toujours, ce rêve est homicide ;

Toujours sa main brûlante allait serrer son front ;

S'il cherchait un Français il rencontrait Marmont,

Et, chaque jour nouveau l'espérance ravie,

Il fallait qu'un tel songe eût raison de sa vie :

Eh bien ! sous un caveau par la mort rétréci,

Un moine en ce moment répond : Il est ici [4] !

L'Empire est étendu sous la pierre plombée,

Sa dernière lueur est avec lui tombée,

Et ceux qui le cherchaient dans leur vague desir,

Entre deux grands cercueils n'ont plus rien à saisir.

Et moi qui le suivais dans sa longue agonie,

Qui savais le secret d'une gloire finie,

Sous quel drapeau voisin à mon cœur étranger,

Poëte, aurais-je pu courir et me ranger?

La République? hélas! dans la lutte où nous sommes

Deux ans m'ont trop appris à connaître ses hommes,

Son pays de tempête où chacun vit pour soi,

Où tout républicain cherche à devenir roi,

Où niant aujourd'hui leur liberté patronne,

Les Brutus de Paris s'assiéraient sur un trône,

Et, mettant à leurs pieds le peuple souverain,

Lui feraient une charte en articles d'airain.

Où donc avez-vous vu, maîtres en calomnie,

Que je fus dans vos rangs et que je vous renie?

Vous dites que j'abjure, au changement enclin,

Le culte de Danton ou celui de Franklin!

Cherchez dans *Némésis* si j'ai vanté ce rite

Et servi leurs autels dans quelque page écrite,

S'il existe un seul vers qui m'y fasse un devoir

D'être à la République et prôner son pouvoir:

4

Quel club de cinq cents noms à ces noms m'associe?

M'avez-vous vu parfois, maître en démocratie,

D'Hébert et de Marat ressuscitant l'argot,

Demander un suffrage au peuple bousingot?

Jamais. Par un seul but, par une seule idée,

Dans sa guerre d'un an *Némésis* fut guidée,

Elle voulait chasser, dans ces orageux temps,

Les hommes du pouvoir qu'elle crut impotens,

De peur qu'au jour fatal, sa caverne franchie,

Dans Paris ne hurlât la hideuse anarchie.

J'avais pris une tâche et j'ai su la remplir;

Je voulus réformer et non pas démolir;

Jamais pour réjouir les trois rois de l'Écosse,

Les sectaires blanchis de l'Henri-cinq précoce,

Les petits Vendéens qui se disent géans,

Ma muse ne souilla Philippe d'Orléans.

Jamais je n'ai flétri par de noirs caractères

Ces vétérans couverts de chevrons militaires,

Ceux que Napoléon aima jusqu'au tombeau,

L'Horatius Coclès de l'île de Lobau,

Et Soult qui, sous les yeux de l'Europe jalouse,

Mouilla de sang anglais les plaines de Toulouse;

Jamais, dans ses combats ma muse ne voulait

Blesser ceux que trente ans respecta le boulet.

Pourtant j'étais esclave alors, chaque semaine

Le souscripteur despote, entrant dans mon domaine,

Régentait *Némésis* et lui criait en chœur

D'immoler ces héros dans un style moqueur,

De passer, en tenant la verge des furies,

Sur le chemin connu qui mène aux Tuileries;

On me montrait partout l'or qui pleuvrait sur moi

Si mon vers infamant arrivait jusqu'au Roi,

Combien s'alongerait le chiffre de mes listes

En noms républicains, en abonnés carlistes;

Rien : j'ai toujours suivi mon austère sentier,

J'ai conduit jusqu'au bout mon prospectus entier,

4.

J'ai refusé cet or qu'un Brutus plus docile

A sa main vertueuse eût trouvé si facile,

Et des partis lointains fuyant les deux sommets,

Je fus homme de sens, Républicain, jamais.

Bien que l'été qui fuit laisse place à l'automne,

Le canon du six Juin est toujours là qui tonne;

Il a brisé ma plume, il m'a fait un devoir

D'appeler le bon sens au secours du pouvoir;

Quand la société s'écroule, les poëtes

Pour avertir le monde ont des muses secrètes;

Quand ils se taisent tous, comme ils font aujourd'hui,

C'est qu'aux yeux de leur âme une comète a lui,

Et qu'en voyant le mal qui ronge notre empire

Ils n'osent attaquer de crainte de voir pire,

De peur qu'en renversant, leur pied démolisseur

Ne trouve le chaos avec la mort sa sœur.

Vous donc qui professez en chaire libérale,

Inventeurs brevetés de publique morale,

Cessez de me prétendre imposer votre loi;

Chacun peut se dresser un symbole de foi;

Voici le mien : Je crois qu'après deux ans d'histoire,

L'émeute est une pièce usée au répertoire,

Que pour la France, objet de votre tendre soin,

Le repos est partout un immense besoin,

Que des bons citoyens partout la voix s'explique,

Qu'ils se sentent peu mûrs pour votre République,

Qu'ils préfèrent la loi qui garde leur maison

A votre liberté qui les met en prison.

Déplorons en commun, dans le fond de notre âme,

L'irréparable mort de l'inconnu programme,

Exhalons nos regrets sur tant d'espoirs détruits;

Mais de Juillet pourtant reconnaissons les fruits :

Juillet, texte éternel de vos pages noircies,

A brisé sans retour deux aristocraties,

Le joug de la noblesse et celui du clergé :

La Cour n'impose plus de dévot préjugé ;

Nul officier du Roi n'a signé la promesse

De s'oindre d'eau bénite et d'entendre la messe ;

On sort du Carrousel sans blanchir ses genoux ;

Les nouveaux courtisans sont hommes comme nous,

De geste plébéien, d'opulence modique ;

L'œil n'est pas offusqué de leur faste héraldique ;

La plupart, pour blason ne portent qu'un laurier

Que l'Empire attacha sur leur front roturier.

Ce sont là de vrais biens : si, pour les reconnaître,

On me donne les noms d'apostat et de traître,

C'est un malheur ; qu'on dise il a changé de dieu,

Il baise le veau d'or, c'est un Juste-Milieu ;

Que m'importe ? ces cris, mon calme les affronte ;

Juste-Milieu ! ce mot put sembler une honte,

Alors qu'il indiquait l'irrésolu pouvoir

Comme une masse morte impropre à se mouvoir;

Mais ce mot désormais n'a rien qui m'épouvante;

Le six Juin en a fait une force vivante,

Un centre qui se meut de l'un à l'autre bout,

Et qui devant le feu monte à cheval debout.

Oui, le pouvoir a fait et doit faire des fautes,

Car l'homme est bien petit pour des places si hautes,

Car l'orage a rendu ce terrain si glissant

Que le pied le plus fort chancelle en avançant.

Pour nous faire un bonheur parfait et sans mélange,

Il faudrait que Dieu même avec le doigt de l'ange

Écrivît une charte immortelle, et qu'enfin

A chaque ministère il mît un séraphin.

Que peut faire pour nous l'homme le plus habile,

Homme pétri de chair, fait de sang et de bile,

Esclave de ses sens, roi du régne animal,

Qui même dans le bien infuse un peu de mal?

Et surtout dans ces temps où toute page écrite

Cache le but secret sous son encre hypocrite,

Où l'on voile avec art sous des dehors touchans

La place où l'on aspire et ses mauvais penchans,

Où la vertu bruyante, au lecteur trop novice,

Dérobe avec fracas les plans cachés du vice,

Où le patriotisme est, entre tant de mains,

Un outil pour creuser d'ambitieux chemins.

Ah ! taisez-vous, jongleurs ! c'est dans cette Sodome

Que vous venez flétrir ma conscience d'homme !

Vous voulez me juger, moi, moi qui pour tout bien

Vis dans la solitude et ne demande rien !

De votre vertu haute allez faire étalage

Aux rustauds attroupés au milieu d'un village ;

Mais à mes yeux ! arrière ; eh ! vous n'y pensez pas ;

J'ai trop mesuré l'homme à son juste compas.

Jamais dans mon réduit que le beau fleuve arrose,

Jamais je n'ai connu vos vers ni votre prose;

Parés du bonnet rouge ou des trois fleurs de lis,

Absurdes ou méchans, jamais je ne vous lis;

De crainte que de vous il n'apporte une feuille,

J'interdis au facteur le toit qui me recueille;

Mais parfois un ami qu'un souvenir conduit

Arrive dans mon bois, de la ville du bruit,

Et sur mon seuil ouvert secouant ses sandales,

De ce Paris lointain me traduit les scandales.

Or, prenez garde! encore après ce plaidoyer [5],

Si vous portez la main aux cendres du foyer,

Je pourrai, moi, fouillant de secrètes archives,

Déployer contre vous mes armes corrosives.

Vous qui criez si fort contre mon attentat,

Qui me prêtez le lucre et le nom d'apostat,

On vous a vus long-temps, souples de tous vos membres,

Des hommes du pouvoir flairer les antichambres [6];

Vous avez supplié sur la porte des rois

Pour de l'or, des honneurs, des places et des croix ;

Vos requêtes sont là, de vous mêmes signées :

Puis, quand vous avez vu vos vertus dédaignées,

Vous avez fait les fiers, et dès le lendemain

Vous vous êtes drapés en costume romain.

Allez, souvenez-vous que sans crainte j'agrafe

Son histoire à tout nom dont je sais l'orthographe,

Et que, pour mettre un homme à l'infamant poteau,

J'ai conservé chez moi les clous et le marteau.

Bois de Boulogne, le 29 août 1832 *.

* Cet ouvrage est entièrement terminé depuis la date ci-dessus ; le retard de sa publication doit être uniquement attribué au travail de la gravure.

NOTES.

<hr />

¹ « Prudhomme, dont la voix charmait la guillotine,
« Au milieu de son camp faisait pâlir Custine. »

On peut lire, dans *les Révolutions de Paris* par Prudhomme,
les lettres menaçantes que ce journaliste adressait au général
Custine, et les bénévoles réponses de ce dernier pour se disculper de ces terribles accusations.

² « Reçois dix francs encor par ce présent mandat. »

De l'aveu même des facteurs de la poste, personne dans Paris
ne recevait chaque matin plus de lettres que moi lorsque je publiais *Némésis*; dans ce faisceau quotidien de lettres, il s'en trouvait toujours du genre de celle que je viens de traduire ici en
vers. Ce despotisme de souscription républicaine me faisait vivement desirer le jour où la 52ᵉ livraison de *Némésis* me rendrait ma liberté. Ainsi c'est à mon indépendance d'écrivain que
j'ai sacrifié ma fortune; car les nombreuses personnes qui connaissaient l'intérieur de mes bureaux savent que jamais entreprise littéraire, en la considérant seulement sous le rapport fiscal, ne présenta une aussi brillante perspective.

[3] « Ce triangle d'acier dont le nom vibre encore. »

On se souvient sans doute avec quelle inique absurdité la mauvaise foi s'empara de ce *triangle d'acier;* je fus dépeint dans quelques feuilles comme faisant des vœux horribles pour le retour de 93, moi qui criais dans cette *Némésis* aux hommes accusés de faiblesse:

Vous avez fait un pacte avec quatre-vingt-treize.

C'est là un des plus singuliers exemples de mauvaise foi, dont les adversaires politiques aient usé en tronquant des phrases, et en les isolant: à moi qui donnais des remèdes contre le retour de la Terreur, on me cria que j'appelais la Terreur. C'est comme si on disait au médecin qui prescrirait la flanelle et le thé contre le cholera : *Homme féroce, vous faites des vœux pour le cholera.* Voilà ce qui m'est arrivé. J'y réponds aujourd'hui après un an de silence, tout en négligeant une foule d'autres petites calomnies de détail.

[4] « Un moine en ce moment répond : Il est ici! »

C'est dans le couvent des capucins à Vienne, que se trouve la sépulture des empereurs et de leur famille. Un moine est chargé de conduire l'étranger visiteur au milieu de ces innombrables cercueils de bronze, et d'expliquer en latin leurs histoires nécrologiques.

[5] « . . . . après ce plaidoyer. »

S'il avait fallu répondre à toutes les interpellations imprimées ou manuscrites qui me sont adressées depuis deux mois, je n'aurais pas eu le temps, au grand déplaisir de mon éditeur, de terminer mes *Douze Journées,* et j'aurais entassé un recueil de correspondance plus volumineux que les lettres de Voltaire et de madame de Sévigné réunies. Je persisterai à l'avenir dans cette sage et immuable détermination, et je déclare ici formellement que, pour que je me croie dans l'obligation de répondre, il faudra qu'on m'adresse un plaidoyer de sept cents vers.

[6] « On vous a vus long-temps, souples de tous vos membres,
« Des hommes du pouvoir flairer les antichambres. »

Puisque c'est le jour de tout dire et qu'on m'y a forcé, je veux faire, en finissant, l'historique exact de ma conduite après Juillet; on verra si elle est conforme à ce caractère d'ambition et d'avidité qu'on me prête si généreusement.

Après les Trois-Jours, pendant que mes calomniateurs se précipitaient à la curée des places, je passais mes jours et mes nuits à composer, avec M. Méry, le poëme de *l'Insurrection;* nous y gagnâmes une maladie inflammatoire et un succès de neuf éditions. Deux mois se passèrent sans que je visse un seul ministre. Si j'interpellais ici beaucoup de mes amis ou de mes connaissances, ils diraient tous que leur refrain éternel d'alors était celui-ci : «Mais, comment! vous ne demandez rien? vous ne faites point de pétitions? vous n'allez pas chez le ministre? » C'était surtout chez mon libraire que ces invitations à demander des places, des croix, des faveurs m'étaient renouvelées avec le plus d'instance et d'amicale ténacité. Personne ne le démentira.

Sur ces entrefaites, M. Méry rencontra M. Thiers, notre compatriote; M. Thiers dit en propres termes à mon ami: «Eh bien! on a parlé de vous et de Barthélemy hier au ministère de l'intérieur;

on est étonné de ne pas vous avoir encore vus ; on se propose de vous donner une bibliothèque à chacun, et puis des distinctions honorables, enfin ce qu'on donne aux hommes de lettres qui ont rendu comme vous des services à la liberté. » M. Méry lui répondit « que jusqu'à présent nous n'avions rien demandé au gouvernement, parceque nous ne voulions pas jeter nos petits intérêts aux oreilles d'un ministre dans les graves intérêts du moment ; que nous espérions un jour avoir part aux récompenses destinées aux patriotes ; que la Révolution avait tué notre existence littéraire si brillante sous la Restauration ; qu'en provoquant au renversement des ministres de Charles X, avec toute la presse libérale, nous avions toujours agi contre notre intérêt personnel, mobile ordinaire des hommes ; que nous nous étions véritablement suicidés. »

Ces observations étaient justes, car il était impossible au pouvoir de Juillet de nous refaire la position matérielle que nous occupions avant. *La Villéliade* seule nous avait rendu soixante mille francs.

M. Thiers dit alors à M. Méry : « Demain à huit heures, venez avec Barthélemy chez M. Guizot, je lui parlerai de notre entrevue ce soir ; et, puisque vous êtes si paresseux à demander ce qui vous est dû, comptez sur vos amis. »

Le lendemain, nous nous rendîmes au ministère de l'intérieur, M. Méry et moi ; c'était la seconde fois de notre vie que nous mettions les pieds dans un hôtel de ministre. Après la publication de *Napoléon en Égypte*, M. de Martignac nous avait fait appeler pour nous faire les offres les plus séduisantes, que notre position ne nous avait pas permis d'accepter, et que mes calomniateurs auraient acceptées à bras ouverts.

M. Guizot nous fit l'accueil le plus gracieux, et nous dit les choses les plus flatteuses. « Il a été question de vous, messieurs, ces jours derniers, ajouta-t-il ; le gouvernement songe à ses amis ; voyons, que peut-on vous donner ? quels sont vos goûts ? Il faut aller vous chercher, vous messieurs, vous n'êtes pas courtisans. » Nous répondîmes que nous ne demandions rien, mais que nous accepterions avec reconnaissance ce que le ministre jugerait convenable de nous donner.

Les offres avantageuses que M. Guizot nous fit alors auraient été sans doute réalisées, mais il sortit du ministère quelques jours après. Il survint des circonstances politiques si orageuses que nous attendîmes que le calme fût revenu. Cependant nous reçûmes dans l'intervalle, par l'entremise de M. Thiers, une *indemnité annuelle* de quinze cents francs, qui n'a jamais été convertie en pension.

Le public jugera entre mes calomniateurs et moi. Qu'ils fassent leur histoire, eux à leur tour, et surtout qu'elle soit aussi véridique que celle-ci ; et nous verrons de quel côté sont les amans de l'or et les ambitieux.

Je transcris ici, pour fin dernière, une courte lettre que j'adressai à une personne avec laquelle j'avais des rapports particuliers de déférence.

« On a porté contre moi deux accusations :

« On a dit que j'étais vendu au pouvoir.

« On a dit que j'avais défectionné.

« La première de ces deux accusations est réduite au néant dans ma *Justification* d'une manière mille fois victorieuse, même pour la mauvaise foi.

« Voici pour la seconde.

« On ne défectionne qu'en abandonnant son drapeau ; ceux qui se jettent sous le drapeau rouge ou le drapeau blanc défectionnent. Poëte de l'armée, je suis resté dans les rangs de l'armée ; je ne me suis point mêlé à ceux qui ont fait feu sur nos cavaliers et nos fantassins. Je suis et je reste fidèle à ce drapeau tricolore que j'ai chanté mille fois sous la Restauration, lorsque mes calomniateurs se taisaient, à ce drapeau dont j'ai gagné ma part, au péril de ma vie, dans les trois jours du grand Juillet. »

www.ingramcontent.com/pod-product-compliance
Lightning Source LLC
Chambersburg PA
CBHW070936280326
41934CB00009B/1893